48
L.б. 1294.

AF338834

RÉFLEXIONS

SOMMAIRES

SUR LE RAPPORT FAIT PAR M. ROY,

AU NOM DE LA COMMISSION CENTRALE,

Sur les Comptes des Exercices des années 1815, 1816, 1817 et 1818.

DE L'IMPRIMERIE DE POULET,

QUAI DES AUGUSTINS, No. 9.

RÉFLEXIONS

SOMMAIRES

SUR

LE RAPPORT FAIT PAR M. ROY,

AU NOM DE LA COMMISSION CENTRALE,

SUR LES COMPTES

DES EXERCICES DES ANNÉES 1815, 1816, 1817 ET 1818,

TENDANTES

A démontrer que la différence entre le résultat final des Comptes présentés par le Ministre des finances, et celui des Comptes présentés par la Commission, au lieu d'être réelle, n'est qu'apparente ;

PAR M. SAINT-AUBIN, EX-TRIBUN.

Ces comptes dont on nous fait peur
Sont les meilleures gens du monde.

A PARIS,

Chez
{ POULET, libraire, quai des Augustins, n°. 9;
{ PLANCHER, libraire, rue Poupée, n°. 7 ;
{ DELAUNAY, libraire, Palais-Royal.

1819.

RÉFLEXIONS

SOMMAIRES

SUR LE RAPPORT FAIT PAR M. ROY,

AU NOM DE LA COMMISSION CENTRALE,

Sur les Comptes des Exercices des années 1815, 1816, 1817 et 1818.

La différence entre les résultats des comptes des exercices de 1815, 1816, 1817 et 1818, présentés par le ministre des finances, et ceux des mêmes comptes rectifiés par la commission, est-elle réelle, ou n'est-elle qu'apparente ?

Malgré les mauvaises plaisanteries des partisans de l'âge d'or, ainsi appelé par M. Bricogne (1), où ceux-là seuls s'occupaient des

---

(1) Voici comment s'exprime à ce sujet cet *ancien créancier de l'État*, dans son écrit intitulé : *Errata de quelques brochures sur les finances*, écrit qu'il a publié

finances de l'État, qui en mangeaient les produits, où le mot même de *budget* était in-

en 1818 « *contre ces financiers présomptueux* (ainsi qu'il
» les appelle) *qui chaque année, aux approches du bud-*
» *get, nous inondent de leurs plans, bien préférables, si*
» *on veut les en croire, au budget ministériel, qu'ils cri-*
» *tiquent sans ménagement, et dont les erreurs sont dan-*
» *gereuses surtout, lorsqu'elles partent d'hommes qui, à*
» *raison ou à tort, ont acquis ou usurpé une certaine ré-*
» *putation financière.* »

» Cet heureux temps n'est plus (continue M. Bri-
» cogne) *l'âge d'or* des administrateurs, *et des peuples*
» *peut-être*, où les commis et les ministres des finances
» suivaient paisiblement une antique routine qui du
» moins les préservait de grandes et funestes erreurs. »

Ce pouvait être en effet *l'âge d'or* des commis et des
ministres des finances ; mais je ne sais si c'était vraiment *l'âge d'or* des peuples ; du moins le peuple français en était tellement las, qu'il a couru les risques
d'une révolution terrible pour en sortir. Je croirais
même assez que c'était *l'âge d'or* des administrateurs,
qui ne rendaient des comptes à personne ; mais,
certes, quant aux finances, et surtout à la comptabilité, c'était plutôt l'âge des ténèbres, puisque, quelques années avant la révolution, l'Hôtel des mon-
naies avait été bâti du produit des *débets* ou reliquats
des comptables dont la comptabilité était arriérée de
plus de trente ans, et qu'en 1789 encore, deux mi-

connu en France, où le premier compte rendu, qui cependant n'était qu'un aperçu de compte, parut à beaucoup de magistrats être un scandale public, il paraît que les contribuables français d'aujourd'hui, qui du temps de cet âge d'or payaient sans y regarder, pourvu qu'on les laissât chanter, commencent à être convaincus que leur intérêt entre pour quelque chose dans le vote des impôts et dans l'emploi de leurs produits. Les Parisiens surtout suivent avec un intérêt toujours croissant, les rapports et les discussions sur le budget et les comptes qui s'y rattachent : en vain les gens du *Conservateur* et consors leur représentent-ils, dans leurs jérémiades hebdomadaires, que la po-

---

nistres ou contrôleurs généraux des finances, avec leurs partisans respectifs, se disputaient à la vue de tout Paris qui n'y comprenait rien, sur le montant du *déficit* que l'un portait à 56 millions, et l'autre à 113, d'où résultait l'énorme différence de 57 millions sur le REVENU !! Depuis près d'un siècle il n'y a eu en Angleterre qu'une seule fois (je ne me rappelle pas dans quelle année) un déficit de 3 millions sterling sur le revenu, qui, avec les taxes extraordinaires, excédait 60 millions ; et il n'en fallut pas davantage pour produire une alarme générale.

litique et les finances ont fait disparaître l'ancienne gaîté française, que le budget et ses comptes dessèchent le cœur, etc., etc. ; les contribuables qui veulent voir clair, leur répondent que par compensation, l'examen des comptes leur ouvre les yeux, et empêche souvent leur bourse d'être mise à sec par des dépenses inutiles qui se glissent parfois dans les budgets les mieux faits.

Nous avons vu récemment une preuve frappante de cette vérité consolante, dans la sensation qu'a produite le rapport fait par M. Roy au nom de la commission centrale du budget, duquel il paraîtrait résulter que dans les comptes des exercices de 1815, 1816, 1817 et 1818, présentés par le ministre, il se trouve des atténuations de recettes, et des augmentations indues de dépenses, telles, qu'au lieu d'un *déficit* de 56 millions que présentent les budgets ministériels, et qui, selon le ministre, doivent être ajoutés aux charges du budget de 1819, il y aurait, selon le rapport de la commission, un excédent de recettes de plus de 2 millions qui diminuerait d'autant la dépense projetée pour la même année. Jamais, depuis qu'il y a eu des budgets de présentés en

France, et *qu'il a été permis de paraître surpris de leurs résultats*, il n'y a eu dans le public parisien surprise pareille à celle qu'a excitée cette heureuse découverte. Ceux qui n'ont pas le loisir, les moyens et l'habitude requise pour vérifier les résultats de ces comptes, et surtout pour rechercher la cause véritable de leur différence apparente, ont dû y ajouter d'autant plus de foi, que les données qui ont produit les résultats du rapport de la commission, et qui consistent en plusieurs centaines de nombres, tous composés de cinq à huit chiffres significatifs, paraissent être toutes littéralement transcrites des comptes ministériels qui fournissent des résultats aussi différens.

Moi-même, frappé de cette différence de 58 millions, j'avais d'abord cru qu'elle provenait d'une foule de petites erreurs commises dans les additions et les soustractions nombreuses de mille et un articles de détail qui composent les comptes des quatre exercices de 1815, 1816, 1817 et 1818, erreurs échappées, à ce que je croyais, aux expéditionnaires dans les bureaux du ministère, qui auraient été relevées ensuite dans la vérification faite par ordre de la commission. Car il ne faut pas perdre de vue que quoiqu'une somme de 58 millions ne soit certainement pas un *bibus* pour les contribuables, obligés ou dispensés de la payer, suivant que la rectification proposée se trouvera réelle ou apparente, toutefois cette même somme, énorme quand on la considère isolément, perd quelque chose de son énormité, lorsqu'on la compare avec le montant des quatre exercices rectifiés qui l'ont produite, et qui présentent une recette totale de 3 milliards 880 millions, avec une dépense totale de 3 milliards 878 millions, faisant ensemble près de 8 milliards, dont les 58 millions d'erreurs partielles ne feraient que la cent cinquantième partie. Il ne faut pas oublier d'ailleurs, que les comptes rectifiés ont été formés sous plusieurs ministères, et sous l'influence des lois rendues par plusieurs chambres, d'après des principes souvent opposés en matière de finances et de comptabilité (1), au milieu d'emprunts et de négociations extraordinaires.

____

(1) C'est ainsi, par exemple, que le budget de 1816, œuvre de la chambre de 1815, a entièrement changé l'esprit et les dispositions du budget de 1814.

C'était néanmoins beaucoup trop pour moi qui savais, que depuis long-temps les livres du trésor royal étaient tenus en parties doubles, et avec un ordre qui ne pouvait donner lieu à d'erreurs pareilles. D'un autre côté, j'ai de tout temps attaché une grande importance à ce que le public ne pût pas même soupçonner la possibilité de ces erreurs grossières dans les comptes rendus annuellement par le ministre des finances, des recettes et dépenses faites par le trésor royal, parce que ces soupçons détruisent la sécurité et la bonne volonté des contribuables, et que le crédit public est incompatible avec la méfiance habituelle et générale qui en résulterait. J'étais donc vraiment peiné de trouver ce disparate choquant entre les résultats des comptes présentés par une autorité respectable, et ceux rectifiés par une autre.

Mais quelle a été à mon tour ma surprise, ma satisfaction même, lorsqu'après avoir gagné une migraine bien conditionnée à examiner le rapport de la commission *item* par *item*, et à comparer tous ces *items* avec ceux correspondans des comptes ministériels, j'ai jeté mes yeux où j'aurais dû les jeter d'abord, sur le résultat final de la rec-

tification proposée , tel qu'on le trouve dé-
veloppé sur la dernière page dudit rapport !
En effet, la simple inspection un peu atten-
tive de ce résultat fait voir *ad aperturam libri*,
que la presque totalité de cette différence de
58 millions, au lieu de provenir d'atténuations ou de dissimulations de recettes , et
d'augmentations non fondées de dépenses,
ne provient que de la manière différente dont
la commission d'une part , et le ministre de
l'autre, ont envisagé l'emploi qu'on devait
faire des divers *items* qui produisent cette différence ; l'exercice auquel il fallait rapporter
les uns ou les autres, etc. etc. ; qu'en dernière
analyse, il n'y a ni atténuations des recettes
ni gonflement des dépenses, à rectifier, et
que l'heureuse découverte d'un prétendu
soulagement de 58 millions pour les contribuables, se trouvait déjà toute faite et à dé-
couvert, dans les comptes ministériels, avant
qu'elle eût été présentée dans le rapport de
la commission, sous une autre forme. Il y a
cette différence, toutefois, que le ministre re-
gardant ce soulagement comme très-dange-
reux dans les circonstances où se trouve la
France , et particulièrement la capitale, sous
le rapport du crédit public et particulier,

propose d'ajourner l'application de ce topi-
que hasardeux, tandis que la commission,
d'accord en cela avec M. Bricogne, croit
devoir y recourir sur-le-champ.

Empressé de communiquer ma découverte
consolante au public, je ne ferai pas passer
les yeux et la patience de mes lecteurs par
la filière de tous les *items* détaillés qui ont
produit la différence totale de 58 millions,
mais je passerai de suite à la décomposition
du résultat, telle qu'elle est présentée sur la
dernière page du rapport de la commission,
page bien différente de celle qui termine *la
situation des finances au vrai* de M. Brigogne,
par un tableau comparatif des frais de négociation, et dont on peut bien dire : *In
caudâ venenum.*

Résultat.

La différence entre les résultats des budgets ministériels et ceux des budgets rectifiés par la commission, est en nombre ronds
de...................... 58,600,000.

Elle provient

1°. De prétendus
forcemens en re-

(14)

D'autre part............. 58,600,000.

cettes montant à... 47,100,000.

2°. Des réduc-
tions sur les crédits
demandés, montant
à.................. 11,500,000.

Total égal.... 58,600,000.

En examinant maintenant *grosso modo* les forcemens en recettes détaillés sur une des pages précédentes du rapport, dans la note 5, on trouve :

Pour le produit éventuel des rentes restant disponibles sur les crédits accordés, savoir :

Sur le crédit de 16,000,000
    de rentes............... 24,600,000.
Sur celui de.... 600,000
    idem................. 8,300,000.

Ensemble.......... 32,900,000.

Voilà déjà près de 33 millions qui ne constituent de différence entre les budgets ministériels et ceux rectifiés par la commission, que parce que le ministre craignant, avec raison, que toute vente de rentes, faite ou simplement proposée par le trésor royal en ce moment, ne produise des effets

fâcheux pour le crédit public et commer-
cial , propose de les garder jusqu'à l'époque
convenable pour s'en défaire , et les porte
par conséquent *pour mémoire* , tandis que
la commission propose de les vendre dans
l'année , quelles qu'en soient les suites , et
les porte par conséquent en recette (1).
Il n'y a ici aucune dissimulation ou atténuations de recettes , mais simplement une
différente manière de voir de la part du
ministre et de la commission.

A ces 33 millions, *qui au cours actuel n'en
vaudraient que* 22, il faut ajouter 4,311,000 f.
composés de recettes diverses provenant
d'arrérages de rentes et autres effets appar-
tenant au trésor, qui jusqu'ici avaient été
mal à propos déduits des frais de négociation, ainsi que cela est dit page 27 du
rapport. Il a été expliqué à la commission
que ces arrérages, au lieu d'être déduits des
frais de négociation, avec lesquels ils n'ont

---

(1) Je suis tellement éloigné de partager cet avis,
que si j'avais l'honneur d'être député, le premier
amendement que je proposerais d'ajouter à l'article
où le ministre les porte pour mémoire, serait la dé-
fense, sous peine de concussion, d'en vendre pour
100 fr. au-dessous du cours de 80.

rien de commun, seraient dorénavant por-
tés en recette ; mais qu'avant de faire ce
changement aux usages constans de la comptabilité du trésor, on attendrait la décision
de la chambre. Il n'y a donc encore ici aucune atténuation réelle de recettes.

Restent encore, pour atteindre les 47 millions 100,000 fr. de prétendus forcemens en
recette, 10 millions composés de dix-sept
articles divers, dont sept, montant ensemble
à plus de 6 millions, proviennent, ainsi que
cela a été amplement expliqué à la commission, non pas d'atténuations ou de dissimulations de recettes, ni même d'erreurs de
comptabilité, mais de ce que les administrations financières déduisent du produit brut
les frais de perception, consistant en remi-
ses, traitement, etc., qui se paient en partie
dans les années suivantes ; autre effet de
la comptabilité par exercices. À ces 6 millions se joignent 1,020,000 fr. de différence
dans le montant de la retenue sur les pensions, qui provient de ce que réellement
cette retenue n'a produit et ne peut produire, d'après la loi qui a fixé l'échelle, que
180,000 fr., au lieu de 1,200,000 fr. pour
lesquels elle était portée dans le budget. Les

renseignemens que le ministre a donnés à ce sujet dans son rapport au roi, page 47, ne laissent rien à désirer. C'est une preuve de plus que dans un budget il ne faut pas toujours compter sans son hôte. Plus, 346,000 f. sur les traites de Pondichéry, montant à 2,500,000 fr., que la commission porte pour tout leur montant nominal, tandis que le ministre n'en a porté, comme de raison, que le produit net, déduction faite de l'escompte. Après ces explications, le lecteur me dispensera sans doute de développer le mince résidu de la différence, à des centimes près.

Quant à l'excédant de dépense, ou aux réductions des crédits demandés par le ministre, montant ensemble à 11,500,000 fr., il y entre 8,000,000 composés uniquement des intérêts des reconnaissances de liquidations pour l'arriéré des exercices de 1816, 1817 et 1818, dont le ministre évalue le capital à 360 millions, sur lesquels 200 millions sont déjà liquidés, tandis que la commission *présume* (car il ne peut y avoir ici que des présomptions) qu'il n'excédera pas 300 millions. Le reste de la différence se compose de 1,065,000 f. sur les frais de négociations, et de 2,500,000 francs de réductions sur le service ordinaire du ministère de la guerre pendant les quatre exercices, ainsi que sur les frais de l'armée d'occupation, qui, au reste, ne regardent pas l'administration des finances proprement dite , et sur lesquels le ministre compétent donnera sans doute des explications satisfaisantes.

Récapitulation des gros items qui composent les 58 millions de prétendues atténuations de recettes et augmentations indues de dépenses.

————

1°. *Forcemens en recettes.*

Capitaux de rentes dont on propose mal-à propos la vente que le ministre regarde avec raison comme intempestive (1). 32,900,000.

Recettes diverses provenant de bénéfices sur négociations et arrérages de rentes......... 4,300,000.

————

37,200,000.

————

(1) Elle serait *intempestive*, surtout, si, comme le conseille l'ancien créancier de l'État, pour mieux consolider le crédit public, sans doute, on allait en même temps, par une fausse popularité, réduire de 5o millions le revenu public le plus certain, qui est la contribution foncière ; ce serait bien vouloir brûler la chandelle par les deux bouts.

D'autre part............... 37,200,000.

Différences entre les comptes des administrations financières et ceux du trésor pour l'exercice de 1817, provenant précisément de la comptabilité embrouillée par exercices, différences qui ont été discutées devant la commission .... 6,550,000.

Autres différences de même nature, provenant des mêmes causes, sur l'exercice de 1816. 1,440,000.

Recouvremens à faire à Pondichéry qui, versés au trésor royal, n'ont pas rendu, à Paris, les 2,500,000 francs qu'ils valaient à cinq mille lieues de là, 350,000.

Retenues sur les pensions qui, ainsi que le ministre l'a démontré dans son rapport, au lieu de produire 1,200,000 fr. pour lesquels elles étaient portées dans le budget, n'ont produit et ne peuvent légalement produire que 180,000 francs... 1,020,000.

Total des forcemens en recette. 46,560,000.

2°. *Augmentations indues de dépenses.*

Pour intérêts de reconnaissances de liquidations, calculés
par le ministre sur le capital
probable de 360 millions; dont
200 sont déjà liquidés, tandis
que la commission présume que
le total n'excèdera pas 300 millions............................ 8,000,000.

Pour supplément de frais de
négociations..................... 1,160,000.

Réduction du crédit du mi-
nistre de la guerre.............. 2,500,000.

———————

11,660,000.

Nous avons trouvé plus haut
en forcemens en recette........ 46,560,000.

———————

Différence totale........ 58,120,000.

———————

En voilà assez, je crois, pour démontrer
aux hommes un peu au fait de la comptabilité en parties simples, et des deux pre-
mières règles de l'arithmétique, qu'en des-
cendant même jusqu'aux plus minces *items*,
les reproches d'atténuation des recettes,
ou d'augmentation des dépenses faites aux

comptes présentés par le ministre , n'ont pas la moindre réalité. Il est temps maintenant de laisser là les détails minutieux , propres uniquement à embrouiller le gros des lecteurs, qui s'empêtre dans les chiffres et perd de vue le point capital ; il est temps de considérer les comptes et le budget , auquel ils se rattachent , dans un point de vue plus général , en partant d'un ordre d'idées plus élevé , et cependant à la portée de tout le monde , y compris ceux qui ne sont pas chiffreurs de profession.

En général , quand on examine et compare le budget de 1819, et les comptes des années antérieures , présentés par le ministre , avec les critiques qui en ont été et qui en seront probablement faites encore , il convient d'avoir toujours présente à l'esprit la différence essentielle entre les deux systèmes généraux de finance , auxquels tous les plans et budgets quelconques peuvent être réduits. Le premier consiste à ne porter au passif que les dépenses certaines, inévitables et en quelque sorte actuellement courantes, après en avoir réduit tous les articles au *minimum* possible ; de porter au contraire à l'actif toutes les recettes probables et même possibles, en y joignant les améliorations des produits futurs que peuvent faire espérer les impôts indirects (1). Quand ensuite l'année est écoulée, et que les recettes ne suffisent pas pour couvrir les dépenses faites et qu'on n'a pu ajourner, on fait de nouveaux fonds pour payer les reliquats, ou, ce qui est plus commode et généralement plus usité, on met dans l'arriéré les créanciers non payés.

Ce système, constamment suivi sous l'ancien régime, où il engendrait les réassignations et les anticipations d'une année sur l'autre, faisait également la base des budgets impériaux, où il engendrait les arriérés et les liquidations interminables de l'arriéré. Il y avait toutefois cette différence, que sous l'ancien régime, où aucun compte relatif aux

---

(1) C'est ainsi que M. Bricogne regarde comme déjà recouvrées les augmentations de produit considérables que donneront, selon lui, les droits sur les boissons, c'est-à-dire le *plus à boire* dans l'année à venir, substitué au *trop bu* dans l'année passée de l'*âge d'or*. Malheureusement pour ce prophète de bon augure, le trimestre qui vient de s'écouler, étant comparé avec le trimestre correspondant de l'année dernière, vient de présenter pour résultat, au lieu d'une augmentation espérée, un *déficit* bien réel de 200,000 f.

finances n'était rendu public, les réassignations et anticipations, avec les banqueroutes
finales qui en étaient la suite, se faisaient à
huis-clos, et dans un désordre tel que les
écrivains les plus versés dans cette science ,
tels que Forbonnais et dernièrement M. Hen-
net qui nous en a donné l'historique dans un
gros volume in-4°., sous le titre bien mal
choisi de *Théorie du crédit public*, n'ont jamais pu se retrouver dans cette espèce de
chaos , tandis que sous le gouvernement im-
périal nous avons vu publier successivement
dix à douze budgets avec les comptes correspondans du ministre des finances et de celui
du trésor , où les banqueroutes partielles ou
générales que ce système devait entraîner, et
qui en seront inséparables dans tous les temps
et sous tous les régimes , se trouvent impli-
-citement régularisées avec un ordre et une
netteté admirables ; en sorte que nous avons
vu beaucoup de gens, neutres à la vérité et
non prévenus en faveur des créanciers arriérés, excuser l'absurdité et l'atrocité du fonds,
en faveur de l'élégance de la forme. C'est à
ce système qu'est intimement liée la comptabilité par exercices, à l'aide de laquelle on
peut constamment renvoyer les créanciers

qui ont eu le malheur de rester en arrière,
aux fonds qu'on dit rester à recouvrer sur
l'exercice pour lequel ils ont fourni leurs
avances, et qui se trouvent assez généralement avoir été enlevés par ceux qui ont eu le
bonheur ou l'adresse de prendre les devans.
Sans ce mode de comptabilité (1) il eût été
moralement impossible, même sous le gouvernement despotique de Bonaparte, de
suivre pendant deux années seulement ce
système, sans provoquer la risée et l'indi-
gnation du public révolté.

Toutefois, comme les comptes dressés
d'après ce système peuvent l'être avec une
certaine régularité apparente, bien des gens
instruits d'ailleurs et de bonne foi, le regardent comme étant celui de l'économie et de
l'ordre par excellence, tandis qu'il est aisé
de faire voir (et l'expérience de près d'un
siècle l'a prouvé mieux que tous les raison-
nemens ne le pourraient faire) que c'est es-
sentiellement un système de gaspillage et de
désordre.

Non-seulement ce système, que reprou-

---

(1) Voir l'addition sur la comptabilité par exercices,
à la fin de cet écrit.

vent le crédit et la civilisation avancée des nations modernes, engendre nécessairement des arriérés et des banqueroutes, mais il empêche le ministre des finances de niveler constamment le paiement et les dépenses avec la rentrée des recettes. C'est une chose très-importante dans tous les pays, pour le soulagement des contribuables aussi-bien que pour le crédit du gouvernement, mais elle l'est particulièrement dans la France actuelle, où la contribution foncière, qu'il est impossible de faire rentrer ponctuellement, fait une portion aussi considérable de la totalité des recettes, et où, d'un autre côté, les arrérages des rentes qui en ce moment s'élevent à près de 200 millions, et dont il faut faire les fonds d'avance, se paient par semestre. Comment faire cadrer alors la ponctualité des paiemens avec l'irrégularité inévitable des rentrées, si le trésor royal ne trouve pas le moyen de se procurer les avances temporaires requises, à l'aide de bons ou effets à échéance, qu'il rembourse et retire de la circulation à fur et mesure des rentrées? Or comment négocier ces bons, à moins de frais et de pertes in-calculables, avec un système aussi antipathi-que avec le crédit public, qui fait toujours craindre un *deficit* dans les recettes, et un excédant dans les dépenses?

A côté de ce système, reprouvé à la fois par le raisonnement et par l'expérience, se trouve le système d'un budget basé sur le crédit public et sur la disponibilité des ressources du trésor, ou des fonds que la législature a votés et assignés pour les diverses dépenses. D'après ce système qui est entièrement le résultat du progrès des lumières chez les nations modernes, système à peu près ignoré dans l'âge d'or, le ministre des finances, après avoir rendu un compte exact et fidèle des recouvremens faits, et des restes à recouvrer, des dépenses acquittées et de celles qui restent à payer, doit composer son budget, 1°. en ne portant à l'actif, outre les valeurs en caisse ou en route, que les sommes restantes à recouvrer dont la rentrée est à peu près certaine, avec le produit probable des impôts votés, en évaluant chaque article de recette plutôt trop bas que trop haut, de manière à ce qu'à la fin de l'année ou de l'exercice le résultat présente plutôt un excédant qu'un déficit. Quant au passif, le ministre doit mettre à la charge du nouveau budget toutes les dépenses probables en évaluant chaque article plutôt trop haut qu'en restant en-dessous de la réalité. C'est le seul moyen, non-seulement pour éviter les arriérés et les banqueroutes, mais encore pour se procurer le moyen de tenir constamment les paiemens au niveau des recettes, dans le cas où la rentrée de celles-ci éprouveraient du retard.

J'ai, à la vérité, entendu objecter à ce système, que le crédit du trésor fournissant au gouvernement le moyen de se procurer des fonds, l'encourageait souvent à faire des dépenses inutiles. A cette objection, je pourrais répondre qu'il n'est pas vrai que l'aisance du trésor augmente généralement les dépenses publiques. Il en est, à cet égard, des gouvernemens comme des particuliers. Les gens aisés ne sont pas ceux qui dépensent et gaspillent le plus ; ce sont les individus gênés et mal-aisés, parce que, d'une part, ils achètent plus cher, et que, d'un autre côté, ils craignent moins que les autres de s'appauvrir en payant le jour de l'échéance ; car ils ont, comme les ordonnateurs par exercice, la ressource de l'arriéré. Mais quand il en serait autrement, l'excédant de dépense qui en pourrait résulter, serait plus que compensé par l'économie sur les marchés et les frais de négociation qui serait le résultat de cette heureuse aisance du trésor. Il faut d'ailleurs compter un peu sur les progrès de l'économie et de l'ordre chez les gouvernans, et sur ceux de la fermeté dans la majorité des chambres qui votent les dépenses; autrement il faudrait renoncer à toute idée de crédit et d'économie du côté des dépenses, aussi bien que des recettes.

C'est ici le lieu de détruire une erreur grossière que la dernière brochure de M. Bricogne est parvenue à accréditer dans l'esprit de la multitude, accoutumée à croire sur parole le premier venu qui lui parle avec assurance de ce qu'elle n'entend pas, et de ce que souvent il n'entend pas lui-même. Dès qu'un budget présente au commencement de l'année ou de l'exercice auquel il se rapporte, un *en caisse* de 5o millions, avec un excédant possible de pareille somme provenant des recettes comparées aux dépenses éventuelles de l'année, bien des gens s'imaginent que toute cette prétendue surabondance consiste en écus enterrés et stagnans dans les caisses du trésor et des comptables, tandis que la majeure partie consiste en valeurs

disponibles qui , non-seulement portent intérêt , mais qui sortent et rentrent suivant
les circonstances.

Il en est de même des 48 millions de bons
pour l'émission desquels le ministre vient de
demander le crédit ou l'autorisation dans le
cas où les paiemens, devançant les recettes,
la rendraient nécessaire. Jusqu'ici chaque
ministre émettait de ces bons, connus autre-
fois sous le nom de *bons de la caisse de service*, autant et quand il le jugeait à propos,
sauf à les retirer quand il y en avait trop sur
la place. C'est pour la première fois que le ministre propose de lui fixer une limite en bor-
nant à 48 millions les bons encore à émettre.
Mais de ce qu'il sera autorisé à émettre *au plus*
cette quantité, il ne s'ensuit aucunement qu'il
l'émettra, ni encore moins qu'il la laissera
contamment dans la circulation ; il la reti-
rera naturellement à fur et mesure des rentrées ; l'objet de cette mesure, purement
éventuelle, n'étant que de conserver, d'une
part, l'exactitude dans les paiemens pour
l'avantage des créanciers et des parties pre-
nantes, et d'un autre côté, de ne pas se voir
forcé de trop presser la rentrée des impôts

au préjudice des contribuables, de conserver enfin le crédit du gouvernement intact:

Combien, au reste, doit-il être consolant pour les contribuables, et rassurant pour les créanciers de l'Etat, de voir, par les critiques même du budget et des comptes qui s'y rapportent, et surtout par celle de M. Bricogne, qu'après avoir passé tant d'années dans la crainte d'apprendre, à la fin de chaque année, que les caisses du trésor étaient vides, et qu'il fallait de nouveaux impôts ou des centimes additionnels (que j'appellerais volontiers les centimes *soustractionnels*) pour remplir le vide; de voir, dis-je, que ces caisses sont menacées d'une surabondance d'écus, d'un trop plein, au point de menacer les contribuables et l'Etat des plus grands dangers. Ce n'est pas là, cependant, ce que craignait le créancier de l'Etat de 1814, pour qui 759 millions d'obligations négociables portant 8 pour 100 d'intérêt, 70 millions d'excédant des recettes ordinaires sur les dépenses, et le produit de la vente de trois cents mille hectares de bois, ne paraissaient être alors que le stricte nécessaire. Aujourd'hui la dixième partie de tout cela paraît être, à M. Bricogne, une scandaleuse prévoyance; probablement que c'est pour guérir le trésor royal de cette *obésité intempestive*, qu'il conseille tant de revenir à l'ancienne comptabilité par exercices, qui, du temps de l'âge d'or, et même du temps de l'âge de fer, lorsqu'il aidait à administrer le trésor de l'Etat, empêchait ce dernier, et surtout ses créanciers, de devenir trop replets.

ADDITION

SUR LA COMPTABILITÉ PAR EXERCICES,

ou

NOTE APPARTENANT A LA PAGE 24.

JE discuterai incessamment, dans un écrit particulier, les avantages prétendus avec les inconvéniens et vices réels de ce mode de comptabilité. J'espère faire voir que les premiers sont comparativement nuls, tandis que les derniers sont majeurs, et, qui pis est, inséparables de ce mode qui n'a pour lui que la routine de l'ancienne comptabilité, antérieure à la révolution, dont les rapports faits à l'assemblée constituante, insérés en partie seulement dans le Moniteur de ces temps, nous ont donné un historique qui n'est rien moins qu'édifiant, et dont on peut voir tous les jours les effroyables reliques dans les archives publiques et particulières. Je me bornerai ici à observer,

1º. Que cette comptabilité par exercices n'est connue dans aucun état de l'Europe, si ce n'est en France, qui, avant la révolution et même long-temps après encore, était certainement le pays du monde le plus arriéré sur cette matière ;

2º. Que même en France elle n'est que le reste impur de cette routine qui, pour la plus grande commodité des trésoriers généraux et autres grands comptables, avait divisé la comptabilité en années paires et impaires, les comptables des années paires se reposant pendant que ceux des années impaires travaillaient au nouveau compte, ou, pour mieux dire, au nouvel *imbroglio* ;

3º. Que ni l'Angleterre, ni la Hollande, ces pays classiques de la comptabilité publique et particulière, ne se sont avisés d'adopter cette comptabilité embrouillée qui cependant leur était bien connue, puisque plusieurs de leurs écrivains l'ont persiflée ;

4°. Que les comptes annuels de l'Angleterre, publiés par ordre de la chambre des communes, sont exclusivement des comptes de gestion, partant d'un jour donné, et clos le jour correspondant de l'année suivante (communément du 5 au 5 février), et que cependant ils sont tellement suivis et clairs, qu'il n'y a guère en Angleterre d'épicier du second ordre qui ne les comprenne, qui ne puisse y suivre d'année en année les progrès de la consommation des raisins et des figues, au chapitre des recettes de la douane, et la consommation annuelle des hommes, des chevaux et des bottes, au chapitre des dépenses du ministre de la guerre ; qu'au contraire chez nous, où nous n'avons eu, sous l'ancien et sous le nouveau régime, jusques et y compris 1814, que des comptes d'exercice, la comptabilité qui ne commence à s'éclaircir que depuis qu'elle se rapproche des comptes de gestion, était embrouillée au point que la plupart des comptables et des oyans-compte auraient eu bien de la peine à en expliquer les élémens et leur liaison en français clair et intelligible. J'en appelle là-dessus hardiment au témoignage des écrivains qui s'en sont occupés dans ces derniers temps, sans en excepter M. Briçogne lui-même, ce grand partisan de la comptabilité par exercices. Voyez ses réponses à M. Ganilh, mon ancien collègue, et à M. le duc de Gaëte, dans la *brochure* déjà citée des *Errata*. Et c'est ici le cas d'observer,

5°. Que, s'il faut juger d'un arbre par ses fruits, celui de la comptabilité par exercices qui, sous l'ancien comme sous le nouveau régime, dans *l'âge d'or* comme sous Bonaparte, n'a, de l'aveu même de M. le *créancier de l'État*, produit que de la confusion dans les comptes, des banqueroutes et des arriérés, n'est bon qu'à être déraciné et jeté au feu.

Voilà pour les résultats que fournissent, à ce sujet, la pratique et l'expérience. J'invite ceux qui désirent joindre une démonstration complète et évidente par le raisonnement ou à *priori*, de lire ce que dit, à cet égard, un homme à qui on ne contestera pas d'être au fait de la comptabilité, M. Mollard, inspecteur-général des finances, dans son *Examen du compte des ministres*, page iv et suiv. de *l'avant-propos*, où il démontre, avec une logique et une précision admirables, que la comptabilité par exercices, à côté d'autres vices, a celui qui suffirait seul pour le faire rejeter, savoir : d'être *absolument impraticable* dans les comptes du trésor. On peut consulter encore, sur la différence entre les deux comptabilités, les *Éclaircissemens sur les lois, les budgets et les comptes de finances depuis la restauration* (de M. M.....) 1818.

CONCLUSION.

En publiant ces observations, je ne fais que courir au plus pressé, qui est de désabuser le public égaré des illusions dangereuses qu'il pourrait se former d'après le résultat des comptes vérifiés. Je me réserve de traiter, dans un écrit particulier, la question générale de la comptabilité par exercices, comparée avec les comptes de gestion, ainsi que celle de la négociation des divers emprunts faits contre rentes sous le dernier ministère. Je n'avais d'abord pas voulu faire paraître mon travail historique et théorique sur cette négociation singulière, travail qui est prêt depuis long-temps, parce que le ministre qui l'a faite, n'est plus en place. Mais puisqu'on essaie de la justifier contre l'évidence, tout en critiquant le plan du ministre actuel, qui tend à réparer les maux incalculables qui en ont été le résultat, et dont l'Europe entière se ressentira encore quelque temps, je laisserai de côté la mauvaise honte qui m'a engagé jusqu'ici à mettre le chandelier sous le boisseau, d'autant plus que je m'aperçois qu'il peut y avoir plus de vrai courage à défendre le ministre remplaçant, qu'il n'y en a à excuser le ministre remplacé.

SAINT-AUBIN.

www.ingramcontent.com/pod-product-compliance
Lightning Source LLC
Chambersburg PA
CBHW071412030726

47594CB00006B/2420